Dieser Kalender
gehört:

_____

Wichtige Daten

_____ _____

_____ _____

_____ _____

_____ _____

_____ _____

_____ _____

_____ _____

_____ _____

_____ _____

_____ _____

_____ _____

Wichtige Daten

_____   _____

_____   _____

_____   _____

_____   _____

_____   _____

_____   _____

_____   _____

_____   _____

_____   _____

_____   _____

_____   _____

Wichtige Daten

_____   _____

_____   _____

_____   _____

_____   _____

_____   _____

_____   _____

_____   _____

_____   _____

_____   _____

_____   _____

_____   _____

_____   _____

Juli 2019

Mo	Di	Mi	Do	Fr	Sa	So
1	2	3	4	5	6	7
8	9	10	11	12	13	14
15	16	17	18	19	20	21
22	23	24	25	26	27	28
29	30	31				

Nicht vergessen :

_____

_____

_____

_____

_____

_____

_____

Juli 2019

1 MONTAG

---

2 DIENSTAG

---

3 MITTWOCH

Juli 2019

4 DONNERSTAG

_____

_____

_____

_____

_____

5 FREITAG

_____

_____

_____

_____

_____

6 SAMSTAG

_____

_____

_____

_____

_____

Juli 2019

7 SONNTAG

8 MONTAG

9 DIENSTAG

Juli 2019

10 MITTWOCH

_____
_____
_____
_____
_____

11 DONNERSTAG

_____
_____
_____
_____
_____

12 FREITAG

_____
_____
_____
_____
_____

Juli 2019

13 SAMSTAG

_____
_____
_____
_____
_____

14 SONNTAG

_____
_____
_____
_____
_____

15 MONTAG

_____
_____
_____
_____
_____

Juli 2019

16 DIENSTAG

17 MITTWOCH

18 DONNERSTAG

Juli 2019

19 FREITAG

---

20 SAMSTAG

---

21 SONNTAG

Juli 2019

22 MONTAG

23 DIENSTAG

24 MITTWOCH

Juli 2019

25 DONNERSTAG

26 FREITAG

27 SAMSTAG

Juli 2019

28 SONNTAG

29 MONTAG

30 DIENSTAG

Juli 2019

31 MITTWOCH

Notizen:

August 2019

Mo	Di	Mi	Do	Fr	Sa	So
			1	2	3	4
5	6	7	8	9	10	11
12	13	14	15	16	17	18
19	20	21	22	23	24	25
26	27	28	29	30	31	

Nicht vergessen :

_____

_____

_____

_____

_____

_____

August 2019

1 DONNERSTAG

2 FREITAG

3 SAMSTAG

August 2019

4 SONNTAG

5 MONTAG

6 DIENSTAG

August 2019

7 MITTWOCH

8 DONNERSTAG

9 FREITAG

August 2019

10 SAMSTAG

11 SONNTAG

12 MONTAG

August 2019

13 DIENSTAG

14 MITTWOCH

15 DONNERSTAG

August 2019

16 FREITAG

17 SAMSTAG

18 SONNTAG

August 2019

19 MONTAG

_____

_____

_____

_____

_____

20 DIENSTAG

_____

_____

_____

_____

_____

21 MITTWOCH

_____

_____

_____

_____

_____

August 2019

22 DONNERSTAG

23 FREITAG

24 SAMSTAG

August 2019

25 SONNTAG

---

26 MONTAG

---

27 DIENSTAG

August 2019

28 MITTWOCH

29 DONNERSTAG

30 FREITAG

August 2019

31 SAMSTAG

Notizen :

September 2019

Mo	Di	Mi	Do	Fr	Sa	So
						1
2	3	4	5	6	7	8
9	10	11	12	13	14	15
16	17	18	19	20	21	22
23	24	25	26	27	28	29
30						

Nicht vergessen :

_____
_____
_____
_____
_____

September 2019

1 SONNTAG

2 MONTAG

3 DIENSTAG

September 2019

4 MITTWOCH

5 DONNERSTAG

6 FREITAG

September 2019

7 SAMSTAG

8 SONNTAG

9 MONTAG

September 2019

10 DIENSTAG

11 MITTWOCH

12 DONNERSTAG

September 2019

13 FREITAG

_____

_____

_____

_____

_____

14 SAMSTAG

_____

_____

_____

_____

_____

15 SONNTAG

_____

_____

_____

_____

_____

September 2019

16 MONTAG

17 DIENSTAG

18 MITTWOCH

September 2019

19 DONNERSTAG

20 FREITAG

21 SAMSTAG

September 2019

22 SONNTAG

23 MONTAG

24 DIENSTAG

September 2019

25 MITTWOCH

26 DONNERSTAG

27 FREITAG

September 2019

28 SAMSTAG

29 SONNTAG

30 MONTAG

Notizen

Oktober 2019

Mo	Di	Mi	Do	Fr	Sa	So
	1	2	3	4	5	6
7	8	9	10	11	12	13
14	15	16	17	18	19	20
21	22	23	24	25	26	27
28	29	30	31			

Nicht vergessen :

_____

_____

_____

_____

_____

_____

Oktober 2019

1 DIENSTAG

2 MITTWOCH

3 DONNERSTAG

Oktober 2019

4 FREITAG

_____

_____

_____

_____

_____

5 SAMSTAG

_____

_____

_____

_____

_____

6 SONNTAG

_____

_____

_____

_____

_____

Oktober 2019

7 MONTAG

8 DIENSTAG

9 MITTWOCH

Oktober 2019

10 DONNERSTAG

11 FREITAG

12 SAMSTAG

Oktober 2019

13 SONNTAG

---

14 MONTAG

---

15 DIENSTAG

Oktober 2019

16 MITTWOCH

17 DONNERSTAG

18 FREITAG

Oktober 2019

19 SAMSTAG

_____
_____
_____
_____
_____

20 SONNTAG

_____
_____
_____
_____
_____

21 MONTAG

_____
_____
_____
_____
_____

Oktober 2019

22 DIENSTAG

23 MITTWOCH

24 DONNERSTAG

Oktober 2019

25 FREITAG

26 SAMSTAG

27 SONNTAG

Oktober 2019

28 MONTAG

_____

_____

_____

_____

_____

_____

29 DIENSTAG

_____

_____

_____

_____

_____

_____

30 MITTWOCH

_____

_____

_____

_____

_____

_____

Oktober 2019

31 DONNERSTAG

Notizen :

November 2019

Mo	Di	Mi	Do	Fr	Sa	So
				1	2	3
4	5	6	7	8	9	10
11	12	13	14	15	16	17
18	19	20	21	22	23	24
25	26	27	28	29	30	

Nicht vergessen :

_____

_____

_____

_____

_____

_____

November 2019

1 FREITAG

_____

_____

_____

_____

_____

2 SAMSTAG

_____

_____

_____

_____

_____

3 SONNTAG

_____

_____

_____

_____

_____

November 2019

4 MONTAG

5 DIENSTAG

6 MITTWOCH

November 2019

7 DONNERSTAG

8 FREITAG

9 SAMSTAG

November 2019

10 SONNTAG

11 MONTAG

12 DIENSTAG

November 2019

13 MITTWOCH

14 DONNERSTAG

15 FREITAG

November 2019

16 SAMSTAG

_____

_____

_____

_____

_____

_____

17 SONNTAG

_____

_____

_____

_____

_____

18 MONTAG

_____

_____

_____

_____

_____

November 2019

19 DIENSTAG

20 MITTWOCH

21 DONNERSTAG

November 2019

22 FREITAG

---

23 SAMSTAG

---

24 SONNTAG

November 2019

25 MONTAG

_____

_____

_____

_____

_____

26 DIENSTAG

_____

_____

_____

_____

_____

27 MITTWOCH

_____

_____

_____

_____

_____

November 2019

28 DONNERSTAG

29 FREITAG

30 SAMSTAG

Notizen

Dezember 2019

Mo	Di	Mi	Do	Fr	Sa	So
						1
2	3	4	5	6	7	8
9	10	11	12	13	14	15
16	17	18	19	20	21	22
23	24	25	26	27	28	29
30	31					

Nicht vergessen :

_____

_____

_____

_____

_____

Dezember 2019

1 SONNTAG

---

2 MONTAG

---

3 DIENSTAG

Dezember 2019

4 MITTWOCH

5 DONNERSTAG

6 FREITAG

Dezember 2019

7 SAMSTAG

8 SONNTAG

9 MONTAG

Dezember 2019

10 DIENSTAG

11 MITTWOCH

12 DONNERSTAG

Dezember 2019

13 FREITAG

14 SAMSTAG

15 SONNTAG

Dezember 2019

16 MONTAG

---

17 DIENSTAG

---

18 MITTWOCH

Dezember 2019

19 DONNERSTAG

20 FREITAG

21 SAMSTAG

Dezember 2019

22 SONNTAG

23 MONTAG

24 DIENSTAG

Dezember 2019

25 MITTWOCH

---

26 DONNERSTAG

---

27 FREITAG

Dezember 2019

28 SAMSTAG

29 SONNTAG

30 MONTAG

Dezember 2019

31 DIENSTAG

Notizen :

Januar 2020

Mo	Di	Mi	Do	Fr	Sa	So
		1	2	3	4	5
6	7	8	9	10	11	12
13	14	15	16	17	18	19
20	21	22	23	24	25	26
27	28	29	30	31		

Nicht vergessen :

_____

_____

_____

_____

_____

_____

Januar 2020

01 MITTWOCH

_____

_____

_____

_____

_____

02 DONNERSTAG

_____

_____

_____

_____

_____

03 FREITAG

_____

_____

_____

_____

_____

Januar 2020

04 SAMSTAG

05 SONNTAG

06 MONTAG

Januar 2020

07 DIENSTAG

08 MITTWOCH

09 DONNERSTAG

Januar 2020

10 FREITAG

_____

_____

_____

_____

_____

11 SAMSTAG

_____

_____

_____

_____

_____

12 SONNTAG

_____

_____

_____

_____

_____

Januar 2020

13 MONTAG

14 DIENSTAG

15 MITTWOCH

Januar 2020

16 DONNERSTAG

17 FREITAG

18 SAMSTAG

Januar 2020

19 SONNTAG

20 MONTAG

21 DIENSTAG

Januar 2020

22 MITTWOCH

_____

_____

_____

_____

_____

23 DONNERSTAG

_____

_____

_____

_____

_____

24 FREITAG

_____

_____

_____

_____

_____

Januar 2020

25 SAMSTAG

26 SONNTAG

27 MONTAG

Januar 2020

28 DIENSTAG

29 MITTWOCH

30 DONNERSTAG

Januar 2020

31 FREITAG

_____

_____

_____

_____

_____

Notizen :

Februar 2020

Mo	Di	Mi	Do	Fr	Sa	So
					1	2
3	4	5	6	7	8	9
10	11	12	13	14	15	16
17	18	19	20	21	22	23
24	25	26	27	28	29	

Nicht vergessen :

_____

_____

_____

_____

_____

_____

Februar 2020

01 SAMSTAG

_____
_____
_____
_____
_____

02 SONNTAG

_____
_____
_____
_____
_____

03 MONTAG

_____
_____
_____
_____
_____

Februar 2020

04 DIENSTAG

_____
_____
_____
_____
_____

05 MITTWOCH

_____
_____
_____
_____
_____

06 DONNERSTAG

_____
_____
_____
_____
_____

Februar 2020

07 FREITAG

---

08 SAMSTAG

---

09 SONNTAG

Februar 2020

10 MONTAG

11 DIENSTAG

12 MITTWOCH

Februar 2020

13 DONNERSTAG

14 FREITAG

15 SAMSTAG

Februar 2020

16 SONNTAG

_____

_____

_____

_____

_____

17 MONTAG

_____

_____

_____

_____

_____

18 DIENSTAG

_____

_____

_____

_____

_____

Februar 2020

19 MITTWOCH

20 DONNERSTAG

21 FREITAG

Februar 2020

22 SAMSTAG

23 SONNTAG

24 MONTAG

Februar 2020

25 DIENSTAG

26 MITTWOCH

27 DONNERSTAG

Februar 2020

28 FREITAG

_____

_____

_____

_____

_____

29 SAMSTAG

_____

_____

_____

_____

_____

Notizen :

März 2020

Mo	Di	Mi	Do	Fr	Sa	So
						1
2	3	4	5	6	7	8
9	10	11	12	13	14	15
16	17	18	19	20	21	22
23	24	25	26	27	28	29
30	31					

Nicht vergessen :

_____

_____

_____

_____

_____

März 2020

01 SONNTAG

02 MONTAG

03 DIENSTAG

März 2020

04 MITTWOCH

05 DONNERSTAG

06 FREITAG

März 2020

07 SAMSTAG

08 SONNTAG

09 MONTAG

März 2020

10 DIENSTAG

11 MITTWOCH

12 DONNERSTAG

März 2020

13 FREITAG

14 SAMSTAG

15 SONNTAG

März 2020

16 MONTAG

17 DIENSTAG

18 MITTWOCH

März 2020

19 DONNERSTAG

20 FREITAG

21 SAMSTAG

März 2020

22 SONNTAG

_____
_____
_____
_____
_____

23 MONTAG

_____
_____
_____
_____
_____

24 DIENSTAG

_____
_____
_____
_____
_____

März 2020

25 Mittwoch

26 Donnerstag

27 Freitag

März 2020

28 SAMSTAG

---

29 SONNTAG

---

30 MONTAG

März 2020

31 DIENSTAG

Notizen :

April 2020

Mo	Di	Mi	Do	Fr	Sa	So
		1	2	3	4	5
6	7	8	9	10	11	12
13	14	15	16	17	18	19
20	21	22	23	24	25	26
27	28	29	30			

Nicht vergessen :

_____

_____

_____

_____

_____

_____

April 2020

1 MITTWOCH

2 DONNERSTAG

3 FREITAG

April 2020

4 SAMSTAG

5 SONNTAG

6 MONTAG

April 2020

7 DIENSTAG

8 MITTWOCH

9 DONNERSTAG

April 2020

10 FREITAG

11 SAMSTAG

12 SONNTAG

April 2020

13 MONTAG

14 DIENSTAG

15 MITTWOCH

April 2020

16 DONNERSTAG

17 FREITAG

18 SAMSTAG

April 2020

19 SONNTAG

20 MONTAG

21 DIENSTAG

April 2020

22 MITTWOCH

23 DONNERSTAG

24 FREITAG

April 2020

25 SAMSTAG
_____
_____
_____
_____
_____

26 SONNTAG
_____
_____
_____
_____
_____

27 MONTAG
_____
_____
_____
_____
_____

April 2020

28 DIENSTAG

29 MITTWOCH

30 DONNERSTAG

Notizen

Mai 2020

Mo	Di	Mi	Do	Fr	Sa	So
				1	2	3
4	5	6	7	8	9	10
11	12	13	14	15	16	17
18	19	20	21	22	23	24
25	26	27	28	29	30	31

Nicht vergessen :

_____

_____

_____

_____

_____

_____

_____

Mai 2020

1 FREITAG

_____

_____

_____

_____

_____

2 SAMSTAG

_____

_____

_____

_____

_____

3 SONNTAG

_____

_____

_____

_____

_____

Mai 2020

4 MONTAG

_____

_____

_____

_____

_____

5 DIENSTAG

_____

_____

_____

_____

_____

6 MITTWOCH

_____

_____

_____

_____

_____

Mai 2020

7 DONNERSTAG

8 FREITAG

9 SAMSTAG

Mai 2020

10 FREITAG

11 SAMSTAG

12 SONNTAG

Mai 2020

11 MONTAG

---

12 DIENSTAG

---

13 MITTWOCH

Mai 2020

14 DONNERSTAG

---

15 FREITAG

---

16 SAMSTAG

Mai 2020

17 SONNTAG

18 MONTAG

19 DIENSTAG

Mai 2020

20 MITTWOCH

21 DONNERSTAG

22 FREITAG

Mai 2020

23 SAMSTAG

---

24 SONNTAG

---

25 MONTAG

Mai 2020

26 DIENSTAG

27MITTWOCH

---

28 DONNERSTAG

Mai 2020

29 FREITAG

30 SAMSTAG

31 SONNTAG

Notizen

Juni 2020

Mo	Di	Mi	Do	Fr	Sa	So
1	2	3	4	5	6	7
8	9	10	11	12	13	14
15	16	17	18	19	20	21
22	23	24	25	26	27	28
29	30					

Nicht vergessen :

_____

_____

_____

_____

_____

_____

Juni 2020

1 MONTAG

---

2 DIENSTAG

---

3 MITTWOCH

Juni 2020

4 DONNERSTAG

5 FREITAG

6 SAMSTAG

Juni 2020

7 SONNTAG

---

8 MONTAG

---

9 DIENSTAG

Juni 2020

10 MITTWOCH

---

11 DONNERSTAG

---

12 FREITAG

Juni 2020

13 SAMSTAG

14 SONNTAG

15 MONTAG

Juni 2020

16 DIENSTAG

---

17 MITTWOCH

---

18 DONNERSTAG

Juni 2020

19 FREITAG

---

20 SAMSTAG

---

21 SONNTAG

Juni 2020

22 MONTAG

_____
_____
_____
_____
_____

23 DIENSTAG

_____
_____
_____
_____
_____

24 MITTWOCH

_____
_____
_____
_____
_____

Juni 2020

25 DONNERSTAG

26 FREITAG

27 SAMSTAG

Juni 2020

28 SONNTAG

29 MONTAG

30 DIENSTAG

Notizen

Juli 2020

Mo	Di	Mi	Do	Fr	Sa	So
	1	2	3	4	5	6
7	8	9	10	11	12	13
14	15	16	17	18	19	20
21	22	23	24	25	26	27
28	29	30	31			

Nicht vergessen :

_____

_____

_____

_____

_____

_____

_____

Juli 2020

1 MITTWOCH

2 DONNERSTAG

3 FREITAG

Juli 2020

4 SAMSTAG

_____

_____

_____

_____

_____

5 SONNTAG

_____

_____

_____

_____

_____

6 MONTAG

_____

_____

_____

_____

_____

Juli 2020

7 DIENSTAG

---

8 MITTWOCH

---

9 DONNERSTAG

Juli 2020

10 FREITAG

---

11 SAMSTAG

---

12 SONNTAG

Juli 2020

13 MONTAG

_____

_____

_____

_____

14 DIENSTAG

_____

_____

_____

_____

15 MITTWOCH

_____

_____

_____

_____

_____

Juli 2020

16 DONNERSTAG

17 FREITAG

18 SAMSTAG

Juli 2020

19 SONNTAG

20 MONTAG

21 DIENSTAG

Juli 2020

22 MITTWOCH

---

23 DONNERSTAG

---

24 FREITAG

Juli 2020

25 SAMSTAG

---

26 SONNTAG

---

27 MONTAG

Juli 2020

28 DIENSTAG

29 MITTWOCH

30 DONNERSTAG

Juli 2020

31 FREITAG

_____

_____

_____

_____

_____

Notizen:

Passwörter

Webseite	Nutzername	Passwort

Passwörter

Webseite	Nutzername	Passwort

Passwörter

Webseite	Nutzername	Passwort

Passwörter

Webseite	Nutzername	Passwort

Passwörter

Webseite	Nutzername	Passwort